SJÆLENS INTERESSER

EN LILLE BOG OM BESINDELSE

Kim Gørtz

© 2021 Gørtz, Kim, Sagaro Recordings & Publishing
Frontcover: Cherry Laithang
Forlag: BoD – Books on Demand, København, Danmark
Tryk: BoD – Books on Demand, Norderstedt, Tyskland
ISBN: 9788743031185

INDGANGSORD

For at udvirke en påbegyndelse af en allerede foregående afrundning synes det absurd, dette foretagende. Dog udelukkende af interesse, og ikke blot via interesse-begrebet fra Kant og Heidegger, eller fra den græske og latiniserede uddybning af 'inter-esse'. For det handler vel (hele tiden?) om søgen og unddragelse, inddragelse og undgåelse; om at gå uden om, og dermed om hvordan man søgende drager udenom; og udenom hvad, indgåelsen?

Husk nu at have hjertet med; hvad vil det sige? Når du taler fra hjertet; klart og entydigt. Når du taler fra hjernen; dialektisk og mangefacetteret. Ensidighed? Nuanceret? Sandheden; at sige den, opleve den og at (kunne) være den. Eller et tomt sind; opmærksomhedsfeltets skisma, og netop hvad jeg lærte af/om filosofferne. Og den dér sjælens trilogi; som et epilogisk vedhæng; om indføling jf. Dilthey og Schleiermacher, en læse-strategi. Kvinden, som figur og formidabel fantasi, når 'formidabel' kommer af fr. *Formidable*, af lat. *Formidabilis*, af *formidare* frygte, grue for, frygtelig; skrækkelig; kolossal; vældig? Ægteskabet og etikken, Schopenhauer og Søren K.; om døden, vildfarelserne og vildledelsen, og alle de andre (som fx Deleuze!), og Fromm, from og form; en række scenarier som øjeblikkeligt vil sende os afsted til oplysningens landskaber og Kronos' og Aions' tidsaldre og -former.

Hele selvets ledelse, lidelse og lidenskab; om mod, håb og tillid; jo færre der er omkring én (og/eller som man er i stand til at registrere), desto mere kan man klare sig selv, ergo; de skal nok komme af/med sig selv, være/blive der, hvis og når man har brug for det/dem? Reaktionisterne, kopisterne, inspirationisterne; variationerne. Storheds-vanviddet; en diagnose værdig? Polemisk indskrift, meta-skrift; indskrivning af en figur for sjælelig ledelse og en skabelon for at kunne være i magtens brydninger, hele den erkendelsesbaserede helbredelse a la en psyko-kausal logik; som en art metodisk heling og sjælelig på-, ind- og udvirkning; fænomenologisk, transcendental, diskursiv, ontologisk, transversal ... terapi. Ekskurs og appendix: Eksistentiel og dialogisk terapi... *u name it* ... meningens logik; sjælens interesser...

Miguel Bruna

INDHOLDsløs

En tanke om at være

og være

og en tanke om være

uden at tænke

og en tanke om at tænke

uden at være

og en om at være uden at være

og en om at tænke uden at tænke

ved ikke hvad der gjorde os mest vrede og rasende

ved ikke hvad der gjorde os mest triste og kede af det

ved ikke hvad der gjorde os mest bange og ængstelige

ved ikke hvad der gjorde os mest glade og lykkelige

ved godt hvad der gjorde mig mest gal og fnysende

ved godt hvad der gjorde mig mest fortvivlet og sørgmodig

ved godt hvad der gjorde mig mest ræd og nervøs

ved godt hvad der gjorde mig mest frydefuld og salig

Daniel Mincook

Hæftet – flosset – moralen

Vi ved det godt; hold kæft. Hold hæftet, hold hæft? Hvad er det mon at alt det dér med hæfter drejer sig om, hvis det overhovedet er vigtigt at slå en sløjfe omkring, hvis det overhovedet giver mening, at komme nærmere denne "lænen sig ind i" hæfteriets betydning, og ikke mindst kæftens funktion i alt det her. Hvor er det vi hæfter ende, bliver hæftet fast, er hæftet fast, uanset om det er med Søren K. på bagsmækken (a la "at hæfte ende") eller om det drejer sig om, og udtrykker den typisk noget pirrelige og strengt irriterende oplevelse af, at få trukket fx et hæfte-plaster af, så ved vi, hvad det drejer sig om? Det gør lidt nas, og vi kan godt leve med det, det svider bare lidt. Disse hæfter som slår ind/én som en anden hæfte-maskine, *u wish*, bare sådan "slam, knald" ind i noget eller nogen, der skal sidde fast, og ikke mere fast end at det eller de kan trækkes af igen, lirke hæfteklammen ud igen. Ikke en søm-pistol, det er for voldsomt, dog. Men hæftet fast...

Og så det dér med flosset, nærmest som *flush* og alligevel sådan mere oprevet, *thorn a-part*, opbrud, drevet op i strimler, og hvad er moralen, moralen i hele udtrykkets dobbelte betydning, både som (om) at der er noget i det, der bliver sagt og skrevet, og så det der med at have noget i sig og imellem os, som er moralsk. Sikke noget, sikkert svært, eller åbenlyst ikke helt nemt. Så hvad siger den forbindelse os mellem hæftet op på eller i moralen på en flosset måde? Hvad siger det os? Hvad gør vi? Bare sådan siger 'hæft ende', 'flos op', 'moral ud', men det kan man jo ikke bare sige, eller det giver jo ikke mening, men prøv at led lidt alligevel, skab disse forbindelser, eller lad disse forbindelser mellem hæfternes flossen dig op og find moralen heri, herigennem, hele vejen. Er der overhovedet nogen inter-esse derude, derinde, er der et mellem-væsen; *dia-substans*?

"Den lille røg"

... har fået sagt det en del gange, eller har henvist en del gange (ikke sådan i foredrags-regi eller via forelæsninger på universiteter, dog) til disse steder i Castenedas fremragende beretning om sine møder med og studier i de sydamerikanske indianers brug af euroriserende stoffer, specielt dér, hvor "Don Juan" fortæller om "den lille røg". På foranledning af Carlos' spørgsmål om, hvorfor at den indianske medicinmand har en lille læderpose hængende omkring halsen, svarer han noget i retning af, at det er vigtigt, og at det er en påmindelse om *hendes* kraft (altid kræfter!), nemlig at hun bilder én ind, at man har styr på hende/dette stof, denne plante, denne påvirkning, men nej, sådan er det netop at hendes magi og virkning virker; vi har ikke styr på det, som vi bilder os ind, at vi har styr på, ikke en skid. *Watch out!*

Så hvad så med interessen? Denne *inter-esse* om hvilken den gode Kant, som måske nok var lille af statur, men hvorfor ond (a la Nietzsche's: "den lille onde dværg fra Königsberg"?) og "lille" og "dværg" er vel en pleonasme, tak for det A. Matthesen (anden, ånden!), bla. udtaler sig om i en fed fodnote i hans praktiske filosofi (den om etikken og *Phronesis*), at, her parafraseret, interessen er begæret bearbejdet gennem den praktiske fornuft. Wow, her er starten til at Freud lurer lidt på overjegets psykiske del-system, dette autoritative samvittigheds-system, der ligesom formår at sublimere rå og dermed ubearbejdet begærs- (og drifts-) materiale til jegets interesser. Men dette ego er jo langt fra psyken; sjælen, så hvad er denne sjælens interesser, jf. nærværende hæftes titel?

Det essentielle mellemværende, hvorfor et 'inter', hvorfor et relationelt begreb, kunne det monstro også være psykens *esse*, intra-essens?

Søgen og unddragelse; det strukturelle tomhedsfelt

I serielle serenader af betegnelsernes overskud og det betegnedes underskud bevæger meningernes dynamiske spil sig omtrent omkring, ja, omkring hvad og hvem, er det som selv-beroende diskurser, hvori og hvor indenfor mere eller mindre fleksible kroppe udsiger udsagn; hvem er hjemme ... Hr. Deleuze og Foucault; hvad siger i dog hertil? Alle disse formuer, denne formåen, disse formularer og hele denne gæld, hele sprogets merkantile forfatning, debitor, kreditor, skyld, Nietzsche, gælden, tegnenes egne købmands-regnskaber, psykotisk, semiotisk, kausal-logiske betingelser på et svingende plan, og et temporalt niveau, som synes at ramme helt ved siden af den sådan mere hverdagsagtige, fænomenologiske erfaringshorisont og oplevelsesmodus. Og så kan det da godt være, at der eksisterer en del væsentlige punkter, eller ja, det siger sig selv at punkter som regel er vigtige, *singularis*, skelsættende, omvæltende, alle disse punkter *en masse*, vendingens punkt, tyngdepunker, og så hele det ubegrænsede; *to apeiron*, *Aion*, knudepunkterne, *aleatoriske* træfninger, bevægelige elementer, svingninger netop, stemmer i med, stemmen i og med, problemfelter, som indkredser og indkapsler inkvisitoriske tilståelser, a la Joyce, netop dér, hvor man er blevet tilfangetaget, eller var det sproget, udsagnet, hvor "jeg" ikke kunne stikke af længere, en fastholdt singularitet, eller kan og må man (ikke) sige dette? Netop i denne matrix, hvor problemet sigter på en løsning og hvor spørgsmålet sigter efter et svar. Hele L. Borges tomme linje, gåderne, og når ordet mangler sin egen plads, som i spillet, og denne hasard med kast og slag; vrøvlets lotteri, og hele det periodiske system mellem *Kronos* og *Aion*, kunne problemet mon skabe et svar og spørgsmålet mon generere en løsning? Hele det levende og vekslende "nu" i opholdets statiske og dynamiske vekselvirkende rum...

Inddragelse og undgåelse; om at gå uden om meningen

Netop novellen er eftersigende det eksakte udtryk for at være og ske dér, hvor det lige er sket og lige skal til at ske; en sådan fortælling rammer i og for sig Aions bue ganske præcist, fortællingen, Heidegger og Heraklits tanke om "værens brætspil", tidspunktet og tidsrummet; den samlede cyklus, både-og, når det både lige er sket og lige skal til at ske, så har vi åbenbart med den rene begivenhed at gøre, eller den har på ét og samme tid(s-punkt) med os at gøre, tegnenes nutidighed, som flygter i begge retninger. Og måske man mindes L. Rhineharts terningemand og/eller H. Hesse's glasperlespil, hvorom det måske kan gælde, at: "Begivenheden, det er, at ingen nogensinde dør, men altid lige er død og altid skal til at dø, inden for Aions tomme nutid, evigheden." (Deleuze: Meningens logik, s.88) Alt det der med ingen tykkelse, det skrækkelige, labyrinten, cyklussen...

Og så kan man stikke ud i eller ind i *blituri*, *skindapsos*, være stoiker, ulegemlig, vrøvl og vrøvlet, i ord, serier endda, esoteriske samlinger, kuffert-ord, der forgrener, virker som kraft, gennem kraft, og måske tænke om det da overhovedet er muligt, kan blive muligt, være muligt, at sige noget ud af egen kraft, sige sin egen mening fx helt anormalt, *nonsense*; pladder, og at få det tomme felt til at cirkulere, og skulle man mon lige have misset, og misset med øjnene, ørene, i tankerne, tænkningen, så var det måske sådan lidt på sin plads at byde "*babazof*" indenfor, eller "*abraxas*" og erindre en art harpestrengs (mis)lyd og klang for det meningsløse; det *onomatopoetiske* i tilværelsen, *such as: tophlattothrattophlattothrat*. Åbenbart søge meningens overfladevirkninger, de singulære tegns effekter frembragt gennem det tomme felt. Meningen skal åbenbaft frembringes gennem nye maskiner, som det hedder hos G. Deleuze (s. 99 i "Meningens logik").

9

Hvordan man søgende drager udenom; og udenom hvad?

Vinkelsynet, ik! Fx i og via en art triadisk oplevelse, et oplevelsesrum indenfor en form for trekant-agtig figur a la lidelse, liv og død, og dermed indkapsle noget sådant som "det skizofrene problem", og lade de mondæne *fækalier* be-tale for de dobbelte serielle linjers meningsbrydning, og lade de krystallinske frembringelser i spændings-fladerner udtrykke tilskrivingerne i overfladeorganiseringen og spejl-virkningerne, sådan lidt som når meningen udarbejder sig langs en linje, i forholdet mellem det udtrykbare og det tilskrivelsesbare, og derved lade de to serier artikulere sig gennem deres forskel, så vil man åbenbart erfare, at meningen gennemløber hele overfladen, og samtidig at den forbliver på sin egen linje (jf. fx side 116 i "Meningens logik" af G. Deleuze).

Og hvad angår disse fækalier, forstået og defineret som; *"en brunlig masse af affaldsstoffer fra fordøjelsen, der udtømmes gennem endetarmen"*, med andre ord; "lort", så kan dette fx udgøre og udtrykke et "hul på overfladen", som en si, perforeret, hvor (v)æskerne og beholderne, i det hele taget konserveringen af materien og/eller sproget, begreberne, glider én af hænde; man skider lort, lader enten ordene tage over eller man lader tingene ske med én; eller man lader det måske ikke engang ske med én, det sker bare med én. Noget skidt!

Her spillet overfladen fallit, eller man kan sige, at ordene mister deres mening, man gennempløjes, en dyb sprække, der trækker refleksive tråde i retning af regressive synteser og nomadiske fordelinger, for det hele vandrer afsted i en art oplevet tilbageløbende facon; *paradoxa, para-noein*, ens-retning, i alle retninger; et bundløst vrøvl, monstrøs, svælget, skør, irreversibel galskab, konvulsivisk, patologisk...

Omar Salom

Husk at have hjertet med; hvad vil det sige?

Hele dette voldsomme og himmelstormende, drabelige og djævelsk fandenivoldske menageri cirkulerer i og omkring alle de anedoktiske aforismer (se blot Hr. Nietzsche!), som en platonisk *konversion*, eller netop som en nietzsche-agtig subversion, vingesuset og hulemennesket, op og ned, manisk, depressiv; men på overfladen er man bare denne lus (mellem to negle?), en overflade på vej hen mod...? Når det hverken er sådan decideret omvæltende eller for den sags skyld en omvendelse mod noget højere, sådan mere dydigt, ophøjet moralsk, fint, fornemt, klart og tydeligt, og heller ikke dybt og nedad-gå-ende inderligt, så er man denne *Phthiraptera*, som tilhører *psocodea*. En rigtig luset perversion, et vingeløst insekt med sugende munddele, der suger blod, med en flad krop, der bærer kloformede klamreben, en rigtig *ektoparasit*, der både kan være som fladlus, hovedlus og kroplus. Man er på skideren, jf. foregående replik...

I bund og grund en rigtig luset figur, en person, et menneske, eller filosof, hvor ordene sårer og begår indbrud, hvor ordet bliver ødelagt, der/det, gør ondt, den sprækkede overflade, og måske man så gerne vil "havets princip", dvs. være i det flydende element, holde kroppen intakt og lade de indblæste vædsker bevare den uskrevne hemmelighed; ikke suge nerven ud af livet, ordet, slet ikke andres, *para-sit*. Ikke glide ind i og ud af en uendelighed, som det gabende dyb, drys og gys og lide overfladens bankerot som den skizofrene, men snarere som den perverse opretholde overfladebemestringen, bevare det korte overfladiske tidsrum, som en anden landmåler (a la Kafka i "Slottet", eller skulle man bare sige "K", dér?), dvs. opmåle afstande, højdeforskelle osv. i forbindelse med fx udstykning, kloakering eller ændring af matrikelkort; sådan rigtig geografisk logik *in abstractum*...

Når du taler fra hjertet; klart og entydigt

Alle disse overflade(meta)fysiske spændinger, hele dette dobbelte vrøvl, og den skizofrene bund, eller skulle man sige, den spaltede bundløshed i en uendelighed, hele denne viljesbaserede intuition (stærkt udtryk!), hvad gør alt dette i forhold til det upåvirkelige og det uigennemtrængelige, hele "den tomme himmel", skyggen og spejlingen (ur-*doxa*), andet end at indstifte dubletten, dvs. den eller det dobbelte, hvori og hvor omkring membranen (overflade-spændingens betegnelse, lige her), på en og samme tid indstifter en radikal flænge og et forskelsløst dyb a la Ferlinghetti og "den fjerde person i ental"?

Som sagt er "Meningen det, der dannes eller udfolder sig i overfladen." (Jf. Deleuze i "Meningens logik, side 165), og skal man længere ind i eller hen i, og det skal man, det skal vi da gøre, så sigter det på *permutation*, kort sagt; en forskelsløs bundløshed og de indespærrede singulariteter, for hvem er det, der taler i den forskelsløse afgrund og i den berusede og koleriske stemmepragt, hvem er det, der udtrykker sig i og igennem den frigjorte energi, i det monadiske og nomadiske, singulære spektrum? (a la Hr. Deleuze side 143 i "Meningens logik"). Hele denne ombytning, denne flytning, (f)lytning.

Det er intet mindre end materien, der taler, anonym, begivenhedens mening, som og via den skrøbelige overflade, som en art generel parese, og en okulær migræne, netop som en spastisk lammelse og øjets opkast, lige der, hvor noget eller nogen dunker tilværelsen i en forhøjet spændingstilstand, lige dér, hvor en art konvergenscirkel, et omslutningscentrum siver ind og ud af en mumlende hensvinden, eller lige præcist omvendt, når terrænets tvetydige tegn svæver i en u-endelig kalkule, som i en *fiat* = et uendeligt, bevægende punkt...

Når du taler fra hjernen; dialektisk og mangefacetteret

Alle disse udtrykszoner indstifter en tanke og en praksis, der kan betegnes som et "relæ", som det åbenbart bliver gjort; men hvad vil det sige, og hvordan skal det gøres? Et relæ, som en slags elektrisk komponent, der muliggør at man kan slå strømmen fra eller til, men hvem er denne "man", og hvordan forholder dette sig til fejltagelsens *tantum*, dette "kun", hvor dét sker? (Dette "tantum", der i øvrigt bliver nævnt eksplicit 4-5 gange i "Meningens logik" af Hr. Deleuze, bl.a. side 227, 231, 196 og side 266 i forbindelse med "Eventum tantum"). Og strømme, strømmen og strømmende, viser det sig, kan endvidere åbenbart være en del, fx tankestrømme, talestrømme, bevidsthedsstrømme, skrivestrømme, pengestrømme, flygtningestrømme, etc ...

Hvordan bliver den ?-væren, denne *evenit* abdikativ og dedikativ undfanget, endda ubesmittet? Hele dette Lame-væv (jf. Plotin, og Deleuze i "Meningens logik, side 164), hvordan kan denne dråbes gennemtrængning og igennemfald indstifte et samlingssted for det mono-molekylære lag? Jo, man spørger jo bare i dette spind og spænd mellem det metafysiske (og transcendentale) felt og det såkaldt *sonore* kontinuum; hele denne lyd-retning og skillelinje af og som overflade. Resultatet synes at være en art metallisk glans, hvor bekendtgørelsen bliver fyldig og vellydende a la en sammenforings (og ikke sammenførings) opflængning og rifteri; dybets anonyme pulsering; dét bliver til i mødet med de anonyme og nomadiske singulariteter (jf. Deleuze, "Meningens logik", side 137, se evt mere for de 5 særpræg herved, side 137-139). Med andre ord en form for metastabilitet med *aleatoriske* punkter, krystallinsk, som indvarsler en overflade-*topologi*; fx huden, på og som grænsen, langs det levendes skel, meningens plads, det problematiske felt, hvor der knurres...

Ensidighed?

Og *who cares*? Er man i det daglige, og hvad vil dét sige, og det ved vi jo godt også, ikke durk helt inde i sindet eller hvad der nu end er dér i det tegn og i den oplevelsesform, så er vi mon helt og aldeles ligeglade med fx etableringen af "dobbeltskærmen" eller "den cerebrale skikkelse"? Det lyder måske godt, for nogen, men det er jo bare ord, og alligevel ikke helt, for alle tegnene, de peger mod noget, og nogen, og nogen søger derhen, og denne eller dette nogen, bliver præget af det, som det søger, stikker lidt snuden ind, undersøger, bliver sporet, som det hedder, podet, mærket, som i musikkens involvering, eller alt det andet, alle disse sublimeringer og symbolismer, *meta-morforsen*, fra *eros* til *thanatos*, længslen og døden, fordunklingen og opklaringen, psykoserne, neuroserne, hele det nomadiske spilfægteri, meta-stabiliteten, det aleatoriske, den krystallinske topologi; vi ved ikke, hvad det er, alle disse tegn, hvad peger de på, og hvem er det nu også lige at tilkendegiveren er; hvem peger?

Så kigger vi lidt på det, i al ensidighed: fx den vandrende nomade, en tanke, en bevægelse, et folk, en samling, og tilstanden som henfalder til et lavere energi-niveau (meta-stabiliteten) og terningekastet og – spilleren, kender vi også, eller forstår, den *aleator*, som måske har visse forbindelser til det græske *aletheia*, hvem ved, nogen ved, fx Heidegger, hvor det sigter på afsløring, åbenhed, og lige præcis ikke glemsel. Og topologi, er jo blot læren om stedet, krystaller kender vi, så hvad er mon problemet, hvis det er der; vi kender tegnene og leder måske efter meningen i og mellem dem, og måske ikke, netop hele denne fantasiens uudholdelige afventning, kerne-komplekset, det noematiske knudepunkt (a la Husserl), hvor jeget forsvinder og åbner sig ved overfladen, sporer, spor, brister og aflaster, af-føring...

Nuanceret?

Så hvor ligger og lukker undfangelsespunktet, dette idol, billedet, simulacrum, *phantasos*, hulen med *morphé*, og med *thanatos* som tvillingebror til *hypnos*, og *parsithea* som hustru, alle disse figurer i søvnens, forvrængningens og mare-ridets underverden, og formen og og *eidos*, som skildrer os mennesker, og Baudrillard længe leve, udi forførelsens figurer: "Vi er skizofrene mens vi drømmer, men manio-depressive på vej mod en vågen tilstand." (Deleuze, side 249 i "Meningens logik"), frarøvet stemmen i højden, den åndelige automat. Kilden – fasen – zonen – Harlekin, territoriale drifter, besættelser, erogene, narcissos, Ødipus, Herkules, fallos; bestandigt, hvirvlende subversioner, sutte og suge, (d)rifter ... et plovskær ved overfladen, fallisk splitning, den gode penis... sagde vi afføring eller afsløring?

Og hvorfor ikke dyrke kastrationen, som vi har gjort, den dybde-gående penis a la fortæringens, og højdernes (og den frustrerede og frustrerende) penis, alt det dér med primær og sekundær narcissos, de proto-plasmiske og bio-psykiske raske fjed, opsprættet og forrådelsen, hele afsavnet, den høje mug og den dybe indoptagelse; vi går lige ind i det tredje sprog, netop humoren, den nomadiske fri-gørelse, afskaffelsen af al dybde og al højde, her finder vi mimikernes etik, som (i) et andet filosofisk æg, hvor blommen er fysikken, hviden er moralen og skallen er logikken, og finder at det hele enten (eller både og) kan være; 1) råt og ukogt, 2) blødkogt, 3) hårdkogt, 4) eller som et spejlæg. Hvordan er det nu lige, at det er ... for dig? Hele denne infernalske spådomskunst, hvor vi er og bliver øjebliks-gjort a la *tempus explicatio*, a) *aion* = udrullet, b) *kronos* = omkredsen, og denne *pro-airesis* er (som en art valg) den salve (i ordets begge betydninger), der, som semiotisk terapi, helbreder os (v)i(a) tegn...

Bruno van der Kraan

Nikola Johnny Mirkovic

Sandheden; at sige den, opleve den og at (kunne) være den

Humoren synes at være en mærkværdig inspiration, som peger og ituslår, vi stiger ned og op med ironien, opstigningens og ned-stigningens teknikker, satiren, og ikke mindst vismandens overflader som fx Zen, koan og tomhed, stoisk vedholden, drilleriet, begiven-heden som = form + tomhed, ren afsætning og indsættelse = frisæt-telse, stedet finder sted, sådan nærmest a la Heidegger, verden verdner og tingene tinger; overfladens vrøvl, som når filosofi "blot" er blevet til at gå rundt med en sild for enden af en fiskesnøre (jf. Deleuze (og Diogenes) side 176 i "Meningens logik"); og filosofi som stumhedens og spiseligheden i det bløde element, og den eller dem der filosoferer er intet andet end "en plukket hane" (sådan cirka som det "fjerløse tobenede væsen", jf. Platon og Aristoteles), er det en *joke* mon? Stokkeslag, ja, når miraklet sker eller indtræffer gennem legemernes tale, man har vel lov at håbe, når ordene slår ned i ting-ene, sådan lidt via et manisk og skizofrent sprog, en opsigt, indsigt eller hensigt, væk fra det pulserende dyb og bort fra de maniske højder, blot overfladen, hvor tomheden finder sted, som kårdens skar-pe klinge og buens spændte streng; hvem taler? (jf. Deleuze i "Me-ningens logik, side 179).

Så vi har en opadgående ironi a la Platon og Kant linjen og en nedadgående ironi a la romantikken, såsom Rousseau, Kierkegaard og Nietzsche, en bundløshed, hvor dæmonien og angsten bor og stortrives, herfra den ansigtsløse bund taler og knurrer, bundens sprog modsat det opløftende ideale sprog; "kom nu, det skal nok gå", modsat subversionens, esoteriske sprog; "det går ikke". Og netop her finder vi varighedens sammenføjning; "filosofiens trøst" (?); "det går jo" a la Boethius, det tværgående, tidens æggebund, skørbugen...

Et tomt sind; opmærksomhedsfeltets skisma

Vi undviger det dybe snit, brister og trækker sig/os sammen, som sil-kepapir mellem det skizofrene Kronos-begreb og tidens hug og op-holdet i nuet og den manio-depressive skærende perversion; mod-vir-keliggørelsens horisontale timelighed op imod øjebliks-erfaringens vir-keliggørelse i tiden (*aion*). Dette er hvad vi kan; være i tiden uden tykkelse, som en art stedløshed, i form og med indhold, (u)reflekteret, meta- og som (u)vidende i og omkring dybet, i dybet, Kronos, og på tværs heraf som et perverst tidspunkt, hvor man vender sig om og kaster sig omkuld, og hvor man netop i selvsamme; kastes omkuld og bliver vendt om, således som en melodi og et ekko, netop som den dobbelte frihed og fristelse, udstødelse, synspunkt, byen; syndromet, hvor adskillige veje fører til. Dermed tre slags synteser; Hvis/så, både/og, enten/eller; sammen-trækkende, konvergerende (samord-nende syntaks fx, men også decentreret), og divergerende, forgre-nende, esoterisk og ikke mindst excentrisk, således er det vel et spørgsmål om *dissipation*, dvs. spredning, og om at komme op til overfladen, og afstå som en form for med-sving, og at gemme sig i dette tomme tidsrum, nærmest som en "værens ensstemmighed" (*sounds like* Heidegger), at skænke og an-stifte, støj, at tale med mad i munden, være på rædslens skue-plads, forsvinde i den universelle kloak, opleve de *uretrale* itu-splitninger, de perverserende styk-brydere, og opsnappe medynk, mistet, genfundet, afdækket; tabets glubskhed; denne akustiske herkomst cirkulerer omkring afsavn, ag-gressivt, som en masochisme, sadisme, alkoholisme, en liden, og en handlen, en perversion, hvor man er tilfældet, hvor vokalerne får støjen til at tie, som såret og den provokative ladning, tilvirkeren og tilkende-giveren husker os på; "... ikke at være uværdig til det, der indtræffer os." (Deleuze, side 193-194, "Meningens logik").

19

Hvad jeg lærte af og om filosofferne, jeg mødte i øvrigt

At ville forvandlingen, at ville noget *i* dét, der indtræffer, simpelthen være og blive til *i* de obskure lysglimt, meningen, som den udtørrede ulykke på virkets kant; at forstå, ville og repræsentere det pragtfulde, *thats it*! Og dertil følger og hører punktualitet, cirkelstykker, den tomme nutids spejl strakt ud langs *aions* linjer og *kronos'* punktum, og derudover resten af alle de parasitære konturer, det bevægelige øjeblik, mod-virkeliggørelsen, den fjerde persons egen; skændslen, det frie menneske, *thats it*! Det tavse brud, og de synkopiske sammen-føjninger, den superlapidariske taumaturgi, netop binde sig eller noget, nogen fast, fange, kapere, tage noget eller nogen, og dermed tilstræbe evnen som hos en tryllekunstner; "… til at udføre magi eller andre paranormale begivenheder eller være en helgen til at udføre mirakler." Dette oversættes undertiden til engelsk som *wonder-working*. Ergo; at ville være blevet til en rigtig udøver af thaumaturgi, en såkaldt "thaumaturgus", "thaumaturge", "thaumaturgist" eller sådan cirka på dansk en "mirakelarbejder". *Thats it*!

Men så var og er der også alt dette med selvmordet, sammenfaldet og spaltningen, tilkendegiverens latterlige erodering, ædru og/eller forhærdet, sådan cirka tilkendegivelsen af det bløde punkt, hvor man dvæler på bredden, klar til at sprække, møder kællingen, og ællingen, er stodderen, skyder odderen, nogenlunde således:

"Men hvilken sær nærmest uudholdelig spænding i denne omfavnelse, i denne måde, hvorpå nutiden omgiver, indeslutter og omringer det andet tidspunkt. Nutiden er blevet til en cirkel af krystal eller granit uden om det bløde centrum af lava, af flydende eller viskøst glas." (Deleuze, side 205 i "Meningens logik").

Sjælens trilogi; et epilogisk vedhæng

En hvis falmet vingeflugt er at spore a la flugtvirkningernes deformation, som en art "jeg vil have været", der således indskriver frihedens patologi, hvor selvledsagelsen og naragtighedens vej fortæller os, at:

"man ikke kan opgive håbet om, at stoffernes og alkoholens virkninger (deres "åbenbaringer") vil kunne genopleves og tilbagevindes for sig selv ved verdens overflade, uafhængigt af brugen af substanser, forudsat at de teknikker for samfundsmæssig fremmedgørelse, der bestemmer substansmisbruget, vendes om med revolutionære udforskningsmidler." (Deleuze, side 209 i "Meningens logik").

Med andre ord; besky(l)dninger i form af salver af og på overfladen; "åh! Psychedelia" (selvsamme side 209), fremmer tilbagekaldelsen og reperationerne, den ødipale hensigt, af at være blevet ophængt i tomrummet, disse spring, denne plovfure, sammenbruddet, cølibat, dybdernes tanke, overfladens tænker, parringen, ægteskabet, det bizarre og løjerlige, og denne tålmodige tænker, der venter ved den meta-fysiske skærm, omkring magt-punktet og langs eroderingslinjen; munden tøver. Tøver munden? Øver munden sig på noget, mon?

Mindre vellykket i det mellemliggende, itusprængt, knasning, gnaske, stemmestrøm, befolkning, besætning, uimodståelig ophidselse, hele denne tvunge (pendulære) bevægelse, fikseringspunkterne, sammensnoningen og sammenslyngningen, satiren; at forhåne og fornedre. Tilvirkningens og nødvendighedens aftryk mangler, vi må afkode tegnproduktionen, snobberiet og adspredelsen, alle de frivole tegn, hele dette tidspilde, alle disse smertelige tegn; samtlige lære-processers tidslinjer. En lille smule indføling og indføring i det mindste...

21

Averie Woodard

Scott Webb

Kvinden, ægteskabet og etikken; på vej mod meningens matrix

Ja, hvor blev hun dog egentlig af, sådan helt tilbage fra *vildfarelsernes trilogi* (2017), og måske endog meget længere tilbage, hele vejen tilbage, en moder fortabt, eller én lang reparation, for det er jo ikke den mand, der hader kvinder, snarere omvendt, og var det klogskab eller var det dumhed, der lod stilheden blive herom, hende dér, dette kvinde-menneske, hvorom det gælder, at spørgsmålene om, hvorfor hun er så knapt og nærmest sjældent tilstede i den filosofiske kanon. Og var denne stilhed forklaret tilstrækkeligt ved at det ikke er helt nemt at sige noget klart og entydigt om nogen man ikke aner noget om, hvad det vil sige at være, og netop ikke rode sig ud i floskler og alskens mande-feminisme, hvad kunne man dog sige andet end alt det man jo godt ved om hende, og som man ikke kan, vil eller tør rode sig ud i og formulere? Måske at hun er vildt lækker, eller er det for nemt? For det bliver dumt, skævt; men hun er skøn, speciel og noget svær og sær, skide sur nogle gange, og virkelig klog, hele molevitten af et luder-madonna-spektrum, sådan helt rigtige moder-bindings-dybde-psyko-logiske lækkerier. Hun er ligesom på en og samme tid det hele, sådan farlig og rigtigt ufarlig, sådan virkelig intrigant, og ligefrem, sådan virkelig æterisk og helt nede på jorden; er der mon noget hun ikke er, for hun er uden tvivl også skide irriterende, og vidundeligt tiltrækkende, bare sådan lidt og meget af det hele, så hvor når hun ikke hen, hende kvinden, fuld af omsorg, arrogance, håb og drømme, vildskab, elegance, kløgtighed, hyldesten til hende, billige point, og alligevel skøn altid at bejle til og blive omgærdet af, man kan jo nyde at sådan bare se på hende i alle sine forklædninger og afskygninger, udtryk og indtryk, pigen, tøsen, kællingen, moderligheden, alle de kropslige og følelsesmæssige svingninger, hele spillet for galleriet, både på scenen og i kulissen, konen, søsteren, veninden, alle dem hun er og bliver til,

23

op igennem hendes og ens eget liv; vores liv, hvor vi mødes, kysser, kærester, leger i dukkekrogen, puderummet, bliver kollegaer, hold-kammerater, helt pinligt med hende som "blot" et vedhæng, som om hun kunne nøjes med at være en art appendix, som levende væsen, figur og formidabel fantasi, og måske netop derfor er hun så sparsomt repræsenteret, underkendt og overkendt, kommer af fr. *Formidable*, af lat. *Formidabilis*, af *formi-dare* frygte, grue for, frygtelig; skrækkelig; kolossal; vældig, ja, så er det hele vel sagt mellem linjerne, som Schopenhauer og Søren K.; om døden og vildfarelserne, hele denne vildledelse, hvor man ikke rigtig får det landet, eller kommer hjem med pointen eller ej, alle disse kolossalt manglende referencer, i princippet det samme, hvorfor bliver de ikke nævnt, ligesom ham den skønne E. Fromm, som jo er meget mere end from og form; han er jo mildest talt en lang række scenarier som øjeblikkeligt vil sende os afsted til op-lysningens landskaber og de humanistiske tidsaldre. Det er så rigtigt det hele, og alt det dér med selvets ledelse, lidelse og hele liden-skaben; om modet, håbet og tilliden eller ej, man orker det næsten ikke, eller i hvert fald ikke rigtig at gå ind i det, det skal bare stejfe én, strejfes af det, tangere; eksistentiel tangens; jo færre der er omkring én (og/eller som man er i stand til at registrere), desto mere kan man klare sig selv, ergo; de skal nok komme af sig selv, være der, hvis/når man har brug for det/dem, og er det nu også således, at man befolkes af reaktionisterne, kopisterne, inspirationisterne; variationerne i sit helt eget, og alle de andres, kulturens storheds-vanvid; en diagnose vær-dig? Ja, det må da være en polemisk indskrift bedægtig, som en art socio-kulturel meta-skrift, hvor man fx kan indskrive en figur om sjæle-ledelse og en måske interessant kliché for at kunne være eller ikke være i magtens brydninger, men man gider måske ikke rigtigt, bare sådan skøjte rundt, på overfladerne, snurre rundt, om sig selv, og tankens dans og spind; overfladelir, aldrig under overfladen, bare duppe lidt, og lade den erkendelsesbaserede helbredelse bedrive nogle psyko-kausale metoder gennem en logisk form for terapeutisk skak med og påvirkning af sjælen og dens inter-esser, fx via en fæno-menologisk heling, vandre i de diskriptive tegn-sætninger, se hvad der kommer til syne, dukker op, bare lige vende materien i en flygtig og mobil skabelon a la sådan lidt transcendentalt størknet, og sådan spil-le lidt med de geometriske skikkelser og hermeneutiske tanke-former, og træde ind i sprogets sprog, og lade sig ske at det sigende i det sagte, og nyde at blive ramt af hegemoniernes, kalkerende spil med og fiksering af én; hvem én? *Esse* én? Sådan helt ontologisk healing; værens kald, bolig og stemme, og gå helt på tværs, lade sig blive gået på tværs, ikke at kunne andet, helt ind og ned i de tilværelses-mæssige dybder og dvæle i det dialogiske (fo)rum, gå i dvale i sprog-et, som et andet tegn, der er gået i hi. Hele dette ægte-skab, til evig-heden os skiller, vi bliver sammen, altid, hele *aion* og *kronos* i begge former og bevægelser, altid; ægteskabet, denne fine institution, kirke-lig eller ej, denne kultiverede og kultiverende *etos*, denne dannende praksis, hvor karakteren hele dagen igennem og natten med, igen og igen får og har muligheden for at blive til, formet, vendt og drejet, spejlet; thats the point: Sæt et tegn ind: _____ og se hvad der sker i de 24 rubrikker (+ lidt grammatiske bøjninger):

Meningens matrix!

	Vil	Kan	Skal	Er
Hvem				
Hvad				
Hvordan				
Hvorfor				
Hvornår				
Hvor				

Roberto Nickson

På sporet af tegnenes spor på os...

Den indre stemme spejler sig som faderen, guden, og sig selv, verden; *narcissos*. Hele denne forspildte tid i den celebre verden, hele den fortabte tid i elskovens verden, og hele den tid, der genfinder sig selv og os i det sensuelle område; verden og tiden genfundet i praksissen, jo, netop Proust og Deleuze, og alle disse ustadige konturer og pludselige brydninger, som udtrykker det oprørte stof, og får de dybsindige tegn til at flimre, der dematerialiserer sig som en (indre) absolut forskel, hvor komplikationerne begynder; når denne obskure diversitet, får os til at indse (inderst inde?), at vi selv sidder med nøglen til vores egne koder; resonanser, meta-forer, *meta-morfoser*.

Torry Morrison

Æsker og kar; souvenirer og reminiscenser

Alle disse indfoldningsfigurer, efterladenskaber, rester, *flash-backs*, ufrivillige former for hukommelse, som udfolder sig i bokse og baljer, et tegn på ruden, at tegne på ruderne, komplikationens figur, der driver begæret rundt i søvnen og døsen rundt i bægeret, og man kan håbe på at noget af dette kan blive og være en vellykket *synekdoke*, netop ved at de transversale sammenføjningsfigurer gør forbindelseslinjerne mellem de usammenhængende størrelser skarpere. Alle disse tidsfragmenter, episoder og perioder; brudstykker, disharmoniske tidslommer, atonale svingninger mellem beholderne, hele erindringens anstrengelse; at komme i tanke om, glimtene, den indkapslede rest, genklange, tidstabet, skuffelserne og afsløringerne; sensibilitet...

Camila Quintero Franco

Tomme og løgnagtige tegn; firdimensionelle tidsrum

Den nervøse og begrænsede tomhed sniger sig ind i det ukendte landskab, hvor fordybelsens lidelse og kærlighedens sjæl får glæden og frigørelsen til at styrke dovenskabens materialitet; en vis træghed genfinder tiden, og essensen titter frem; hele denne inter-*essens*, hvor volden berøver os freden, og får os til at søge sandheden, som røbes gennem de ufrivillige og modvillige tegn, som via en art tilfældige møder og tanketvang; uundgåelig afkodning. Hele dette sandhedstab, dette spild af sandhed, og så genfindelsen; hvilke tegn tvinger os til at tænke tidstabet, nyde gensynet; hvad er tidens tegn, stivnet? Lige dér i bruddets øjeblik, forsvindingen og bristen, dramaet, jalousien, i forelskelsens gentagelse, hvor vi mimer og foregiver vores egen afslutning; i ambivalensen, tvunget tilbage, selv-indhentelsen...

Angel Sinigersky

29

Skuffelsen – gaven – sammenstødet

Det siges at man tegner for nemhedens og fornøjelsens skyld, en hyldest til tingen, at be-tegne den, og at tage den, altså tingen, er dovenskaben, at be-tages, og endelig at tydningen, at tyde, og be-tyde sigter på det mystiske, ufattelige kodeks, koden; at lytte og se, simpelthen, og endvidere at konversationen, venskabet er en tanke-øvelse, en passiar, som udspiller en art dumhed og tåbelighed, typisk; her tegner og betegner vi bare os selv og hinanden; observerer og i-agttager, men vækker sjældent tanken, får ikke tanken vakt som i kærligheden og i mødet med kunstværket, der virker gennem sand-hedens indfoldede tegn.

Når hemmelighedens udeblevne skænk og skænken således afviser det potentielle anstrøg og strejf af dybsindighed, hermed fuld af net-masker og snublefælder, inddæmning og "fabrikeret virkelighed" (= fup); når tegnenes halvnøgne forklædninger og klangflader, materiens toner, gennemsigtigheden og udstrålingen, forskellens spiritualitet, meningens åbenhed, individualiserende, vores gidsler, tidens fødsel; når komplikationerne ikke udsender oprindelige tegn, mistes de frie og spiritualiserende stoffer, som kan findes i frasen, den ægte evig-hed, et åbnende nexus, de æltende kæderinge, hvor man har fundet stilen og stilen har fundet én; en individualiseret evighed; øjeblikkets væsen, sjælens dybeste udtryk, og tegnet på at tiden er (gen)fundet:

"En essens er altid en verdens fødsel; men stilen er denne fortsatte og brudte fødsel, denne genfundne fødsel i stofferne, som er adækvat med essenserne, denne fødsel, der er blevet en metamorfose af genstande. Stilen er ikke personen, stilen er selve essensen."
(Deleuze: "Proust og tegnene", s. 70)